गंगा आरती, देव दीपावली एवं अन्य उत्सव

(काशी के घाटों का एक झलक)

डॉ. जगदीश पिल्लई

|| श्री काशी विश्वनाथ को समर्पित ||

क्रम-सूची

क्रम-सूची

प्रार्थना - विश्वनाथष्टकम्

गङ्गातरङ्ग रमणीय जटाकलापं
गौरीनिरन्तरविभूषितवामभागम् ।
नारायणप्रियमनङ्गमदापहारं
वाराणसीपुरपतिं भज विश्वनाथम् ॥ १ ॥

वाचामगोचरमनेकगुणस्वरूपं
प्वारार्गीथनाशविष्णुसुरसेवितपादपीठम् ।
वामेन विग्रहवरेण कलत्रवन्तं
वाराणसीपुरपतिं भज विश्वनाथम् ॥ २ ॥

भूताधिपं भुजगभूषणभूषिताङ्गं
व्याघ्राजिनाम्बरधरं जटिलं त्रिनेत्रम् ।
पाशाङ्कुशाभयवरप्रदशूलपाणिं
वाराणसीपुरपतिं भज विश्वनाथम् ॥ ३ ॥

शीतांशुशोभितकिरीटविराजमानं
भालेक्षणानलविशोषितपञ्चबाणम् ।
नागाधिपारचितभासुरकर्णपूरं
वाराणसीपुरपतिं भज विश्वनाथम् ॥ ४ ॥

पञ्चाननं दुरितमत्तमतङ्गजानां
नागान्तकं दनुजपुङ्गवपन्नगानाम् ।
दावानलं मरणशोकजराटवीनां
वाराणसीपुरपतिं भज विश्वनाथम् ॥ ५ ॥

तेजोमयं सगुणनिर्गुणमद्वितीयं
आनन्दकन्दमपराजितमप्रमेयम् ।

नागात्मकं सकलनिष्कलमात्मरूपं
वाराणसीपुरपतिं भज विश्वनाथम् ॥ ६ ॥

आशां विहाय परिहृत्य परस्य निन्दां
पापे रतिं च सुनिवार्य मनः समाधौ ।
आदाय हृत्कमलमध्यगतं परेशं
वाराणसीपुरपतिं भज विश्वनाथम् ॥ ७ ॥

रागादिदोषरहितं स्वजनानुरागं
वैराग्यशान्तिनिलयं गिरिजासहायम् ।
माधुर्यधैर्यसुभगं गरलाभिरामं
वाराणसीपुरपतिं भज विश्वनाथम् ॥ ८ ॥

वाराणसीपुरपतेः स्तवनं शिवस्य
व्याख्यातमष्टकमिदं पठते मनुष्यः ।
विद्यां श्रियं विपुलसौख्यमनन्तकीर्तिं
सम्प्राप्य देहविलये लभते च मोक्षम् ॥ ९ ॥

|| इति श्रीव्यासकृतम् विश्वनाथष्टकम पूर्ण ||

लेखक का परिचय

डॉ. जगदीश पिल्लई एक उत्साही पाठक, लेखक और सच्चे शोध विद्वान है जिनका का जन्म भगवान शिव के नगरी वाराणसी में हुआ था। वह वैदिक विज्ञान में पी.एच.डी. किया हुआ है| वह जन्मजात गुणों, रचनात्मक विचारों और कई उल्लेखनीय उपलब्धियों के साथ एक बहुआयामी पॉलीमैथ है। यद्यपि उनकी जड़ें "गॉड्स ओन कंट्री" (केरल) तक फैली हुई हैं| वाराणसी के निवासी उन पर गर्व महसूस करते हैं और उन्हें वाराणसी के एक बच्चे के रूप में मानते हैं जो बिना किसी अपेक्षा के हर व्यक्ति की जरूरत को पूरा करता है। उनकी प्रोफाइल के गहन अध्ययन से पता चलता है कि उन्होंने कामयाबी के कई सारे पंख जोड़े हैं जो उन्हें काफी अनोखा बनाते हैं। वह निम्नलिखित विषयों में चार बार गिनीज बुक ऑफ वर्ल्ड रिकॉर्ड धारक हैं:

(1) "स्क्रिप्ट टू स्क्रीन" जो उन्होंने कनाडा के लोगों द्वारा पहले के सेट रिकॉर्ड को तोड़कर कम से कम समय के भीतर कला एनीमेशन फिल्म का निर्माण और निर्देशन करके हासिल की। उनके नाम पर कई राष्ट्रीय और अंतर्राष्ट्रीय पुरस्कार और सम्मान भी हैं।

(2) पोस्ट कार्ड की सबसे लंबी लाइन जो उन्होंने 16300 पोस्ट कार्डों द्वारा भारतीय डाक दिवस के 163 साल के अवसर पर की है। यह कार्यक्रम भारतीय ध्वज के बारे में एक प्रश्नावली से भी जुड़ा था।

(3) सबसे बड़ा पोस्टर जागरूकता अभियान - यह "बेटी बचाओ - बेटी पढाओ" विषय पर जागरूकता अभियान तैयार करके प्राप्त किया गया था।

(4) सबसे बड़ा लिफाफा - प्रधानमंत्री की पहल 'मेक इन इंडिया' को श्रद्धांजलि के लिए - उन्होंने रद्दी कागजों का उपयोग करके लगभग

4000 वर्ग मीटर का लिफाफा बनाया है।

(5) भारत के सत्तरवें स्वतंत्रता दिवस को मनाने के लिए 210 किलो के केक पर 70000 मोमबत्तियां जलाकर वर्ल्ड रिकॉर्ड्स इंडिया में दर्ज अपना नाम दर्ज किया|

(6) सारनाथ के धमेक स्तूप पर 17 भाषाओं में डबिंग करके एक वृत चित्र बनाया है जिसका परिणाम गिनीज वर्ल्ड रिकॉर्ड्स से प्रतीक्षारत है|

वे गीता शिक्षण में बहुमुखी प्रतिभा के धनी हैं। युवा पीढ़ी उनके गीता शिक्षण से प्रेरित है और उन्होंने अपने निरंतर प्रेरक, प्रोत्साहन और शिक्षाओं के माध्यम से कई युवाओं के जीवन को बदल दिया है।

उन्होंने गायत्री मंत्र को 1000 अलग-अलग धुनों में गाया है।

उन्होंने 108 अलग-अलग धुनों में हनुमान चालीसा को गाया है।

उन्होंने सैकड़ों संस्कृत भजन, देशभक्ति गीत आदि की रचना और गायन किया है।

उन्होंने कई सरकारी जागरूकता अभियानों के लिए कई लघु फिल्मों और वृत्तचित्रों का लेखन और निर्देशन किया है।

उन्होंने वीडियो और फोटोग्राफी के माध्यम से विभिन्न मुद्दों पर जागरूकता अभियान फैलाने के लिए यूपी पुलिस और केरल पुलिस को स्वैच्छिक सेवाएं दी हैं।

वह भारतीय संस्कृति, भारतीय मंदिरों और असाधारण लोगों के जीवन पर हजारों किताबें लिखने की राह पर हैं।

यह विश्वास करना कठिन है कि उन्होंने एक विशेष शहर (वाराणसी) पर

100 से अधिक वृत्तचित्रों का निर्माण और निर्देशन किया है, जो अकेले एक व्यक्ति द्वारा किया गया है।

उन्होंने 25 से अधिक लड़कों और लड़कियों को विभिन्न रचनात्मक और अभिनव तरीकों के माध्यम से विश्व रिकॉर्ड हासिल करने में मदद और मार्गदर्शन किया है।

एक बहुमुखी व्यक्ति जो ईश्वर प्रदत्त आशीर्वाद का उपयोग करके अपनी बुद्धि का सबसे अच्छा उपयोग करता रहता है| इसलिए वह कई चीजों को सीखने, अनुभव करने और प्रयोग करने और भेदभाव और असमानताओं की इस दुनिया में चमत्कार करने की अपार क्षमता प्रदान करता है। .

वह एक ही समय में एक शिक्षक और एक छात्र है जो हमेशा हर दिन सीखता है और हर दिन किसी न किसी को कुछ न कुछ पढ़ाता है। एक मास्टर के तौर पर उनकी कमजोरी यह थी कि वह कभी किसी खास विषय पर नहीं टिकते। शायद यही कमजोरी उसे किसी भी क्षेत्र में महारत हासिल करने की ताकत देती है।

उनका प्रत्येक दिन एक नया विषय सीखने के साथ शुरू होता है और वह अपना अधिकांश समय प्रयोग और शोध करने में व्यतीत करते हैं।

वह एक निस्वार्थ सामाजिक कार्यकर्ता और एक प्रेरक वक्ता भी हैं।

उनका जीवन भी संघर्ष, उतार-चढ़ाव और असफलताओं से भरा रहा है। लेकिन उन्होंने कभी हार नहीं मानी और आत्मविश्वास से भरे अपने सभी परीक्षणों और क्लेशों का सामना किया। आज वह एक सफल युवक है जिसके पास बहुत जोश और समृद्ध जीवन का अनुभव है।

उन्होंने अपनी ही धुन से पूर्ण रामचरित मानस 51 घंटे का ऑडियो

गाया है। उन्होंने पूरी भगवद-गीता को भी अपनी धुन में एक लयबद्ध पृष्ठभूमि के साथ गाया है।

उन्होंने 50 अलग-अलग भाषाओं में "लोका: समस्ता: सुखिनो भवन्तु" भी गाया है।

वर्तमान में वेद, उपनिषद, पुराण, भगवद गीता आदि पर विस्तृत और वैज्ञानिक अध्ययन पर काम कर रहे हैं।

वर्तमान में, वह 'यूरेशिया डिजिटल यूनिवर्सिटी' के मानद चांसलर हैं।

पुरस्कार

चार बार गिनीज वर्ल्ड रिकॉर्ड्स में नाम दर्ज।

महात्मा गांधी विश्व शांति पुरस्कार के विजेता।

महात्मा गांधी वैश्विक शांति राजदूत।

काशी रत्न पुरस्कार।

डॉ॰ ए॰पी॰जे॰ अब्दुल कलाम मोटिवेशनल पर्सन ऑफ द ईयर 2017।

मदर टेरेसा पुरस्कार।

इंदिरा गांधी प्रियदर्शिनी पुरस्कार।

भारत विकास रत्न पुरस्कार।

उद्योग रत्न पुरस्कार।

विज्ञान प्रसार पुरस्कार|

पूर्वांचल रत्न पुरस्कार|

डॉ. जगदीश पिल्लई वैदिक साइंस, भगवद्गीता आदि के टीचर है| उसके आलावा लेखक, गायक, फिल्म मेकर, जेमोलोजिस्ट, आस्ट्रो-वास्तु कंसलटेंट, वर्ल्ड रिकॉर्ड कंसलटेंट, प्राणिक हीलर, स्पिरिचुअल काउंसलर, टैरो कार्ड रीडर आदि विषयों में भी महारत हासिल है|

आप आल इंडिया मलयाली एसोसिएशन उत्तर प्रदेश के चेयरमैन है एवं भारतीय मानवाधिकार एसोसिएशन के 'संस्कृति एवं संस्कार' का राष्ट्रीय सचिव भी है|

आमुख

कई साल पहले जब जीवन का कुछ मुश्किल समय चल रहा था और उस समय को किसी तरह बिताने के लिए काशी के गंगा किनारे की घाटों में घूमने जाते थे| असी घाट से राज घाट यूं ही पैदल चला करता था| कुछ दिन चलने के बाद एक दिन मन में आया कि सीधे गंगा किनारे से चलने से अच्छा है कि हर घाटों के पीछे जो गलीयां है उस गलियों से भी घूमा जाए| वो मेरा सही निर्णय था क्यों की असली में हर एक घाट के पीछे क्या क्या कहानी है, कौन कौन से मंदिर है और ऐसे कई रहस्य चीज़ों की जानकारी मिलने लगी| फिर मैंने एक दिन एक हैंडीकाम लेकर हर घाट एवं घाट के पीछे के इमारतें मंदिर आदि भी देखने एवं शूट करने लगे| हर घाट के स्थानीय लोगों से उस घाट के बारे में पूछने एवं नोट करने लगे| एक अंकल जी ने मुझे सारे घाटों की इतिहास पर एक बहुत पुरानी किताब भी दिया|

कई महीने बाद मन में आया कि हर एक घाट के ऊपर एक एक वृत्तचित्र बनाते हैं और हम उसकी तैयारी में लगे| शायद एक शहर के किसी एक विषय के ऊपर इतनी वृत्तचित्र दुनिया में पहली बार बनता और गिनीज़ वर्ल्ड रिकॉर्ड में आने की सम्भावना है| उसी के लिए लिखे हुए स्क्रिप्ट को ही दुनिया के लिए और आने वाले सहलानियों के लिए किताब के सीरीज़ रूप में प्रकाशित करने की सोचा जो इस पुस्तक के रूप में आज प्रकाशित हुआ है|

वाराणसी शहर के गंगा किनारे लगभग सौ घाट हैं। इनमें से सबसे प्रसिद्ध और सबसे पुराने घाट दशाश्वमेघ, मणिकर्णिका और हरिश्चंद्र घाट हैं। वहाँ के कुछ घाट हिन्दू शासकों जैसे मालवा क्षेत्र की अहिल्या बाई होल्कर, ग्वालियर के पेशवा, आमेर के मान सिंह, जयपुर के जय सिंह आदि द्वारा बनवाए गए हैं। बनारस की कुछ प्रसिद्ध हस्तियों ने घाटों का नाम अपने नाम पर रखा है। मुंशी घाट का नाम हिंदी कवि मुंशी

प्रेमचंद के नाम से है, तुलसी घाट हिंदू कवि तुलसीदास जी के बाद दिया गया है जिन्होंने रामचरितमानस लिखा है।

अधिकांश घाट मराठा काल में बने थे। मराठा, होल्कर, भोंसले, शिंदे (सिंधिया) और पेशवे (पेशवा) वर्तमान वाराणसी के संरक्षक के रूप में रहे हैं। वाराणसी में सुबह की नाव की सवारी पर्यटकों के आकर्षण के रूप में दुनिया भर में प्रसिद्ध है। यदि आप काशी में एक पर्यटक के रूप में आते हैं तो घाटों के पार गंगा पर नाव में सवार होकर एक छोर से दूसरी छोर तक जाना एक महान स्मृति बनकर जीवन भर मैन में रह सकते हैं।

अधिकांश घाट स्नान एवं पूजा आयोजन के लिए प्रसिद्ध है, जबकि दो घाट विशेष रूप से श्मशान स्थलों के रूप में उपयोग किए जाते हैं जैसे हरिश्चंद्र घाट एवं मणिकर्णिका घाट।

अधिकांश वाराणसी घाटों का पुनर्निर्माण 1700 ईस्वी के बाद किया गया था, जब शहर मराठा साम्राज्य का हिस्सा था। वर्तमान घाटों के संरक्षक मराठा, शिंदे (सिंधिया), होल्कर, भोंसले और पेशवे (पेशवा) हैं। कई घाट पौराणिक कथाओं से जुड़े हैं जबकि कई घाट निजी स्वामित्व में हैं। घाटों के पार गंगा पर सुबह की नाव की सवारी एक लोकप्रिय आगंतुक आकर्षण है।

गंगा हमारे बहुत से पवित्र संस्कारों की साक्षिणीय है| गंगा के तट पर स्नान के अतिरिक्त हमारी संस्कृति से जुड़ी हुई बहुत से सामाजिक अनुष्टान संपन्न कराये जाते है| सभी अनुष्ठानों के केन्द्र में गंगा की पवित्रता और उनके प्रति लोगों का आस्था झलकती है|

गंगा के अभाव में इस अनुष्ठानों के परिकल्पना ही संभव नहीं है| हमारे अनुष्ठानों का शुभारम्भ बाल्यावस्था में मुंडन संस्कारए युवा अवस्था में विवाह मृत्यु पर दाह संस्कार एवं मृत्योपरांत तर्पण तक चलती है| इन सभी अवस्थावों की साक्षी माँ गंगा है| गंगा के तट पर बच्चों का मुंडन

कराना अत्यंत श्रेयस्कर मानते है| बच्चों के आलावा बड़े भी कभी कभी गंगा तट पर मुंडन करवाते नज़र आते हैं|

विवाह के बाद नव दम्पति सर्वप्रथम माँ गंगा का आशीर्वाद लेने अपने परिजनों के साथ आते हैं और गंगा पूजन कर गाठ खोलने की रस्म निभाते हैं | लगन के दौरान बहुत से नव विवाहित जोड़े इस रस्म की अदायकी के लिए घाटों पर दिखाई पड़ते है| उत्तराँचल का महापर्व शूर्य षष्टि जिसको लोग मानस के भाषा में छट कहा जाता है, यहाँ गंगा के किनारे भी बहुत भव्य एवं विशाल पैमाने पर आयोजित किया जाता है| शाम से ही अस्थालाचलागामी भगवान् भास्कर को अर्ध देने केलिए वृति महिलाओं का जन सैलाब उमड़ पड़ता है|

काशी में तर्पण का मतलब तर जाना होता है यानी मोक्ष प्राप्ति जो की हमारे जीवन का परम उद्देश्य है|

ॐ

अवधूत घाट

1

अवधूत घाट

राजघाट से पड़ाव के बीच गंगा पर बना अपने तरह का देश का पहला पुल जो कि 1887 में डफरिन ब्रिडज के नाम से लोकार्पण किया गया। यह अपने आप में एक अति विशिष्ट तरह का डबल डक्कर पुल है जिसमें नीचे से रेल यातायात और ऊपर से सड़क यातायात कि एक साथ व्यवस्था है। इसको औध एवं रोहिलखण्ड रेलवे के इंजिनियरों द्वारा बनाया गया था। इस डफरिन पुल का मुख्य इंजिनियर फ्रेडरिक थोमस ग्रान्ट विल्ले वाल्टन इस पुल से गुजरते हुए सड़क यातायात कोलकत्ता तक ग्रान्ट ट्रंक शेड के नाम से जाना जाता है।

1948 में स्वतंत्रता के बाद इस पुल का पुनः नामकरण काशी हिन्दू विश्वविद्यालय के संस्थापक पंडित मदन मोहन मालवीय जी के नाम पर मालवीय ब्रिज रखा गया। यह बनारस के राजघाट से शुरू होने के कारण इसे राजघाट पुल भी कहते है। पुल का दूसरा छोर पड़ा को बनारस से जोड़ती है।

पुल के बायें तरफ पड़ाव में गंगा तट पर अवधूत भगवान राम कुष्ट सेवा का विश्व प्रसिद्ध आश्रम है। यह आश्रम के नाम एक कीर्तिमान भी

सबसे अधिक कुष्ट रोगियों के इलाज एवं रोग मुक्ति के लिये इस आश्रम का नाम गिनीज बुक में दर्ज है। गंगा के सुरम्य तटपर स्थित मालवीय पुल, बाबा अवधूत अखान आश्रम, पुरातत्व की दृष्टि से महत्वपूर्ण राजघाट किला आदि इस स्थान की ऐतिहासिक महिम काशी के कीर्ति को कई गुणा बढ़ा रहा है।

गंगा आरती

2

गंगा आरती

काशी की एक एक संस्कारों में आचारों में हमारी भारतीय संस्कृति की झलक व हमारी विलक्षण परम्पराओं की छवि झलकती है| उन्हीं परम्पराओं में गंगा आरती का स्थान अग्रणी है|

सायंकाल की आहट होते ही अस्तालाचलागामी सूर्य देव की राह निहारते हुए प्रयाग घाट एवं दशाश्वमेद घाटों पर गंगा आरती की सुगबुगाहट शुरू हो जाती है| विशेष वेशभूषा में सुसज्जित विप्रगन आरती की तय्यारियों में व्यस्त हो जाते है|

एक तरफ बहुवर्गीय भक्तगणों की भीड़, देशी, विदेशी मेहमान गंगा आरती देखने लालायित रहते है और वे घाट पर अपना अपना स्थान सुनिश्चित करने में जुट जाते है| कुछ दर्शनार्थी गंगा पर तैर रही नावों पर ही स्थान जमा लेते है|

मधुर भजनों की स्वर लडियां गूंजायमान होती हा साथ ही साथ गुरुचरण

में नमन एवं चित्रों में माल्यार्पण के बाद शंखनाद के साथ आरती की शुरुआत करते है|

आरती एक विशेष क्रम में लयबद्ध तरीके से की जाती है| सभी विप्रगन विशेष प्रकार की राजत्दीपों को जो की वजनी होती है को हाथों में ऊंचा उठाकर माँ गंगा का आरती करते है| धीरे धीरे पूरा वातावरण भक्ति सान्द्र हो जाता है| गंगा आरती विदेशी मेहमानों के लिए भी विशेष आकर्षण का केंद्र हैए वे भी आरती के समय पूरी तरह भारतीय संस्कृति में रंगे नज़र आते है| आरती के परिसमाप्ति के बाद आह्लादित भक्तगण धीरे धीरे अपने अपने गंतव्य की ओर बढ़ते जाते है|

देव दीपावली

3

देव दीपावली

परम्पराओं के शहर काशी में यूँ तो सात वार पर तेरह त्यौहार की परिकल्पना की जाती है| पर्वों, त्योहारों और जलसों मेलों के इस शहर में कई मेले ऐसे है जहाँ एक लाख से ज्यादा लोग इकठ्ठा होते है| यूँ तो दीपावली पूरे देश में मनाई जाती हाए लेकिन देव दीपावली का पावन पर्व सिर्फ काशी में मनाया जाता है| ऐसा माना जाता है की इस पर्व पर काशी के घाटों में देवताओं का आगमन होता है| कार्तिक माह के शरद पूर्णिमा के दुर्लभ संयोग में काशी में मनाने वाले इस अनूठा पर्व है देव दीपावली|

इस पावन पर्व पर हम देवताओं के शुभागमन पर घाटों में दीपों के साथ उनका स्वागत करते है| देव दीपावली के दिन सूर्यास्त के बाद और चंद्रोदय के साथ ही पूरे विधि विधान के साथ विधिवत रूप से दीयों को जलाया जाता है|

हिन्दू परंपरा के अनुसार श्री हरी विष्णु क्षीर सागर में चार माह के बाद वैकुण्ठ आते है और यह भी मान्यता है की इसी दिन भगवान् शिव ने लोक कल्याण केलिए त्रिपुरासुर नाम के राक्षस का अंत किया था| इसलिए इस दिन को त्रिपुरी पूर्णिमा भी कहा जाता है| यह भी कहा जाता है की धर्म के प्रति आस्था रखने वाली महारानी अहिल्याबाई होलकर ने

पंचगंगा घाट पर हज़ारों दीपों वाला दीपस्थम्भ स्थापित कर घाटों में देव दीपावली मानाने की शुरुवात की थी| यह पर्व सिर्फ देवातावों केलि, न रहकर उन शहीदों के लिए भी नमन करने का माध्यम होगया जिन्होंने देश की सुरक्षा केलिए सरहद पर जान न्योछावर कर दी|

इस अदभुत पर्व को देखने देश विदेश से लोग गंगा घाटों पर एकत्रित होते है| इस पर्व का उत्साह बच्चे यूवा और हर वर्ग में ऐसा भर जाता है की घाटों पर सजावट की होड़ सी मच जाती है| दीव दीपावली के दिन गंगा में नावों की भीड़ सी लगी रहती है जिसमें सवार होकर देशी तथा विदेशी मेहमान देव दीपावली का अवलोकन करते है|

पावन गंगा

4

पावन गंगा

काशी में आना या काशी में रहना कौन पसंद नही करता। प्राचीन समय में कई प्रान्तों के महाराजा, साधु, संत एवं मनीषियों का यहाँ पर आना, रहना एवं घाट के किनारे महल या मंदिरों को बनाना काशी के प्रति प्राचीन काल सही लोगो का आस्था स्पष्ट करता है।

हमारी जीवन धारा भारतीय संस्कृति की स्पन्दन पवित्र पाविनी गंगा का वर्णन कवियों ने महात्माओं ने, साधु-संतों ने और मनीषियों ने अपने-अपने सामर्थ्य के अनुसार किया है। फिर भी मां गंगा का वर्णन अपूर्ण ही रह जाता है। युगों युगों से गंगा हमारी संस्कृति की परिचायक रही है, मां गंगा को मोक्षदायिनी कहा गया है। हमारी सबसे प्राचीनतम लेकिन आज भी जीवन्त नगरी काशी गंगा के तट पर ही है, मनुष्य जाति की कितनी ही सभ्यताएं भली पूरी है।

पौराणिक मान्यताओं के अनुसार काशी में मृत्यु मुक्ति का प्रतीक माना जाता है। इसलिए पुराने जमाने में राजा-महाराजा, साधु-संत, विधावाएं और आम नागरिक सभी काशी प्रवास की इच्छा रखते थे। अपने इस उद्देश्य की पूर्ति केलिए वे गंगा के तट पर भवन एवं स्नान घाटों का निर्माण किया करते थे|

वर्तमान में गंगा के किनारे करीब 90 से अधिक घाटों का निर्माण विभिन्न राज्य के राजाओं और धनिको द्वारा समय-समय पर इस उद्देश्य के पूर्ति के लिए बनाया गया था। इस घाट में उस राज्य से सम्बन्धित या राजा के इष्ट देवताओं के मन्दिर स्नान घाट एवं आवास होता था जो आज भी अपने बेजोड़ निर्माण शैली कलात्मकता के भव्यता के लिए जाने जाते है। काशी के घाटों का पूरे विश्व में अपना अलग ही स्थान एवं सम्मान है।

हिन्दू संस्कृति को पोषित करने वाली आचार-विचार जैसे वेद अध्ययन, धार्मिक चर्चाएं यज्ञ, हवन पूजा-पाठ, श्राद्ध, मुण्डन आदि अनेक कर्मकाण्ड इस घाटों पर ही होते आ रहे है। इन घाटों पर देवालयों की संख्या 28 हजार के करीब है। काशी की परिकल्पना गंगा एवं गंगा के घाटों के बिना अधुरा है। भारत की अलग-अलग संस्कृति की झलक भी इन घाटों को मिलती है। और उनके आपसी सद्भाव को भी दर्शाता है।

गंगा में नौका विहार

5

गंगा में नौका विहार

गंगा के लहरो पर अठखेलियाँ करते हुए सैलनियों को घाट का अनुपम सौन्दर्य का अवलोकन कराते हुए इस पार से उस पार तैरती हुए नौकाओं की भी एक कहानी है। इनके निर्माण के विभिन्न चरणों की और हम एक नजर डालते है।

नौकायें कई किस्म की होती है, पुरातन काल की साधारण नाव से लेकर आजकल की सर्व सुविधा सम्पन्न है। बोट को गंगा की गोद में नृत्य करती हुई नावों का निर्माण भी गंगा के पावन घाटों पर ही सम्पन्न होता है।

नाव के लिये नया साखू की लकड़ी उत्तम मानी जाती है जिसकी कीमत करीब रूपये 1200.00 स्क्वायर फीट से शुरू होती है। नाव निर्माण के पारगंत कारीगर अपनी कला कौशल से एवं पूर्ण समर्पण भाव से नौका को आकार देने लगते है। यह बहुत धैर्य एवं दक्षता के साथ करने वाला एक कार्य है। उनके कुशल हाथों में लकड़ी धीरे-धीरे नाव का रूप लेने लगती है।

लकड़ी के अतिरिक्त नौका निर्माण में लोहे की विशेष प्रकार की कीले, काँटा, अलकतरा, नट बोल्ट आदि का भी उपयोग होता है। इनके निर्माण

में एक महीने से लेकर 3 महीने तक का समय लगता है। समय की अवधि इसकी आकृति और स्वरूप पर निर्भर करता है। इनके निर्माण में अच्छी लगन भी लगती है। छोटी नाव के लिये करीब और करीब एक महीने का समय लगता है। जबकि बड़ी-बड़ी नावों के लिए उसे 4 महीने और दस से बारह लाख रूपये लागत लगती है।

नौका विहार किसे पसंद नही है। पूर्ण से निर्मित नौका में गंगा का नमन करते हुए अपने प्रथम यात्रा के लिए तैयार है। अपनी एक लंबी यात्रा जिसमें वो बहुत से लोगों को अपने गंतव्य तक सकुशल पहुँचायेगी।

घाट एवं अनुष्टान

6

घाट एवं अनुष्टान

गंगा हमारे बहुत से पवित्र संस्कारों की साक्षिणीय है| गंगा के तट पर स्नान के अतिरिक्त हमारी संस्कृति से जुड़ी हुई बहुत से सामाजिक अनुष्ठान संपन्न कराये जाते है| सभी अनुष्ठानों के केन्द्र में गंगा की पवित्रता और उनके प्रति लोगों का आस्था झलकती है|

गंगा के अभाव में इस अनुष्ठानों के परिकल्पना ही संभव नहीं है| हमारे अनुष्ठानों का शुभारम्भ बाल्यावस्था में मुंडन संस्कारए युवा अवस्था में विवाह मृत्यु पर दाह संस्कार एवं मृत्योपरांत तर्पण तक चलती है| इन सभी अवस्थावों की साक्षी माँ गंगा है| गंगा के तट पर बच्चों का मुंडन कराना अत्यंत श्रेयस्कर मानते है| बच्चों के आलावा बड़े भी कभी कभी गंगा तट पर मुंडन करवाते नज़र आते हैं|

विवाह के बाद नव दम्पति सर्वप्रथम माँ गंगा का आशीर्वाद लेने अपने परिजनों के साथ आते हैं और गंगा पूजन कर गाठ खोलने की रस्म निभाते हैं | लगन के दौरान बहुत से नव विवाहित जोड़े इस रस्म की अदायकी के लिए घाटों पर दिखाई पड़ते है| उत्तराँचल का महापर्व शूर्य षष्टि जिसको लोग मानस के भाषा में छट कहा जाता है, यहाँ गंगा के किनारे भी बहुत भव्य एवं विशाल पैमाने पर आयोजित किया जाता है| शाम से ही अस्थालाचलागामी भगवान् भास्कर को अर्ध देने केलिए वृति

महिलाओं का जन सैलाब उमड़ पड़ता है|

काशी में तर्पण का मतलब तर जाना होता है यानी मोक्ष प्राप्ति जो की हमारे जीवन का परम उद्देश्य है|

कामकोटीशर मंदिर

7

कामकोटीशर मंदिर

हनुमान घाट और केदार घाट के बीच और हरिशचंद्र घाट के समीप स्थित यह मंदिर कामकोटीशर मंदिर के नाम से प्रसिद्ध है| जैसा की यह नाम से ही हमें दक्षिण भारत की याद दिलाता है, ठीक वैसे की ही यहाँ दक्षिण भारत के मंदिर के दर्शन करने जैसा सौभाग्य प्राप्त होता है|

यह मंदिर दक्षिण भारतीय स्थापत्य शैली का नवीन किन्तु महत्वपूर्ण मंदिर है जो स्थापत्य एवं मूर्तिकला दोनों ही दृष्टियों से काशी में दक्षिण भारतीय स्थापत्य और मूर्तिकला का प्रतिनिधित्व करता है| मंदिर पंचायतन परंपरा में बना है और मुख्य मंदिर में कामाकोटीशवर शिवलिंग स्थापित है| प्रवेश द्वार के ऊपर गोपुरम है जो लगभग 35 फीट ऊंचा है|

मंदिर की बनावट बहुत ही आकर्षक हैए यह किसी भी पर्यटक को अपनी ओर खींचने में समर्थ हैं| इस मंदिर को देखने मात्र से कोई भी भ्रमित हो सकता है की वह काशी में है या दक्षिण भारत के किसी सुप्रसिद्ध मंदिर मैं| यहाँ की बनावटए यहाँ का पूजा अर्चना का तरीकाए यहाँ की शिल्पकारीए यहाँ की चित्रकलाए यहाँ की पेंटिंग सभी चीज़ें मंदिर में खड़े खड़े हमें दक्षिण भारत का अदभुत दर्शन कराती है|

यहाँ की नवग्रह की मूर्तियाँए शिव शायनंए अलग अलग देवी देवताओं की विभिन्न मुद्राओं की मूर्तियाँ इस मंदिर खासियत है| यह मंदिर कई महान मुनियों और ऋषियों के ध्यान का केन्द्र भी रह चूका है| यहाँ के स्थम्भों के निचले भाग में आदि शंकराचार्य के जीवन से सम्बन्दित द्रिश्य उक्केरे है| यह मंदिर दक्षिण भारतीय यात्रियों के धार्मिक गतिविधियों का केंद्र है|

मंदिर की पूजा भी दक्षिण भारतीय ब्राह्मणों द्वारा ही की जाती है|

नागा साधु

8

नागा साधु

भारत की विविधता ली हुई संस्कृति में अलग-अलग प्रकार के मिलों का आयोजन सदियों से होता रहा है। उसी परम्परा की एक कड़ी में कुंभ मेला का अति विशिष्ट स्थान है। बारह वर्षों में अन्तराल तीन नदियों के संगम स्थल इलाहाबाद त्रिवेणी में आयोजित होने वाले महाकुम्भ मेला भारतीय संस्कृति एवं सभ्यता का दर्पण है और यह शायद विश्व का सबसे बड़ा जन सैलाब है। यहाँ भारत के विभिन्न प्रान्तों एवं आँचलों से आये हुए लोग त्रिवेणी संगम में स्नान करते है। जिसमें साधारण जन मानस के अतिरिक्त दिकाल के कंदराओं में रहने वाले और विभिन्न अखाड़ों में रहने वाले साधु संत भी सम्मिलित होते है। जो साधारणतया समाज में नही दिखायी पड़ते है वो सिर्फ कुंभ मेला के दौरान ही दिखाई पड़ते है। उनमें से एक नागा सम्प्रदाय अपनी वेशभुषा एवं सदन के कारण विशेष स्थान रखते है।

यह नागा लोग दिशाओं को अपना वस्त्र मानते है और इसलिये वे निर्वस्त्र रहते है। कुम्भ स्थल पर जमावाड़े के बाद ये संत मोक्षदायिनी काशी के गंगा तट पर अपना डेरा जमाते है और नित्य गंगा स्नान पर काशी विश्वनाथ को जलाभिषेक कर पूजा करते है।

लोगों में इनके आगमन की विशेष प्रतीक्षा रहती है क्योंकि ये बारह साल में एक बार आते है और आध्यात्मिक रूप से ये बहुत जागृत मानते जाते है लोग इनसे आर्शीवाद प्राप्त करना अपना सौभाग्य समझते है। उन्हें सांसारिक मोक्ष काल से कोई लगाव नही होता। ये अपने धुन में ही मस्त रहते है और स्थल को भगवान शिव का ही स्वरूप मानते है।

कृष्णमूर्ति फाउंडेशन

९

कृष्णमूर्ति फाउंडेशन

गंगा के किनारे स्नान घाटों व मंदिरों के अलावा अध्ययन के लिए निर्मित वेद पाठशालायें एवं सभ्यता के प्रारम्भ से ही सर्व मन से सर्व शिक्षा के राजधानी के नाम से विश्व में विख्यात काशी नगरी की मस्तक के मुकुट में शिक्षा का अलख जलाती हुईप्रकृति के गोद में बसा हुआ एक विशिष्ट शिक्षा का मंदिर है। जिसकी स्थापना स्वतंत्रता के पूर्व 1934 में एक शिक्षा विद मनीषी श्री जद्दू कृष्ण मूर्ती द्वारा की गयी थी। जिसका लोकार्पण स्वयं कवि श्री रविन्द्र नाथ टैगोर के करकमलों द्वारा हुआ था।

आज भी शिक्षा के क्षेत्र में शिक्षा के साथ-साथ भारतीय मूल्यों को सर्वोपरि रख कर विश्वविद्यालयों को उच्च कोटी के शिक्षा नैतिक मुल्यों एवं उच्च भारतीय संस्कार प्रदान करती हुई यह संस्था कई महानुभावों को शिक्षित किया है। इस विद्यालय की विशेषता यह है कि यह प्रकृति के बहुत करीब है। चारों ओर हरे-भरे पेड़ पौधे, एक ओर गंगा और वरूणा का संगम शहर के कोलाहल से दूर गाँव स्वच्द सुरम्य वातावरण विद्यालियों को एक अनुकुल परिवेश प्रदान करती है।

गंगा के तट पर स्थित यह विद्यालय अन्य विद्यालय के सूची में अग्रणी है।

☙

गंगा में बाढ़

10

गंगा में बाढ़

सामान्यतः शान्त दिखने वाली गंगा की लहरों का उग्र रूप मानसून के दौरान दिखता है। जब वर्षा के जल के साथ-साथ गंगा की सहायक नदियों के द्वारा अतिरिक्त जल भण्डार गंगा के बहाव में अत्यधिक वृद्धि कर देती है और यह तटों को डुबोती हुई प्रचण्ड वेग से आस-पास के तटीय गावों को जलमग्न करती हुई तेज आवेग में विकराल रूप ले लेती है। हर ओर जल ही जल दिखाई पड़ती है।

घाटों पर होने वाली गतिविधियां स्थगित हो जाती है। घाटों पर स्थित मन्दिरों को गंगा खुद आकर वर्ष में एक बार अभिषेक कर जाती है। साधारण मानसून के दौरान गंगा का जलस्तर दो से तीन गुना बढ़ जाता है। खतरे का निशान 71.262 मीटर अंकित की गयी है। अब तक के इस बाढ़ में गंगा का जलस्तर 73.901 मीटर 1978 में अंकित मिला गया था। उस समय 8 से ज्यादा गांव एवं शहर का अधिकतम हिस्सा जलमग्न हो गया था।

हाल ही में 2013 में भी बाढ़ की विभीषिका झेलना पड़ा जब गंगा का जलस्तर 72.4 मीटर तक बढ़ गया। गंगा में यह बाढ़ की स्थिति प्रकृति के प्रति मानवीय संवेदनशील परिणाम है।

Sandarbh

|| इस पुस्तक को तैयार करने में सहयोग देने वाले हर एक व्यक्ति को
दिल से मेरा प्रणाम ||

विशेष धन्यवाद

डॉ. हरी शंकर जी
लेखक
(काशी के घाट - कलात्मक एवं सांस्कृतिक अध्ययन)

वाराणसी प्रशासन

स्थानीय लोग

☙

संपर्क सूत्र

9839093003

myrichindia@gmail.com

facebook.com/drjagadeeshpillaiofficial

youtube.com/drjagadeeshpillai

|| लोकाः समस्ताः सुखिनो भवन्तु ||